GW01312242

This book belongs to

....

Dieses Buch gehört

KALANI

....

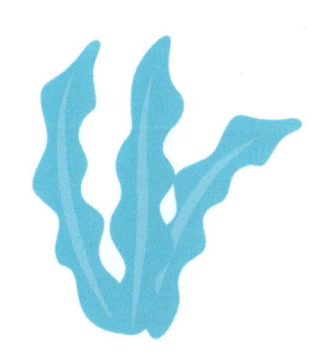

Olga Ritchie

SEA animals

Meerestiere

I am a shark.
I have sharp teeth and I can see far.

Ich bin ein Hai.
Ich habe scharfe Zähne und ich kann sehr weit sehen.

I am a stingray.
I glide across the bottom of the ocean.

Ich bin ein Stachelrochen.
Ich gleite über den Meeresgrund.

I am a swordfish. I have a long, sharp nose.

Ich bin ein Schwertfisch. Ich habe eine lange, scharfe Nase.

I am a lionfish. I am a good hunter.

Ich bin ein Rotfeuerfisch.
Ich bin ein guter Jäger.

I am a clownfish. I like to hide in an anemone.

Ich bin ein Clownfisch.
Ich verstecke mich gern in einer Anemone.

I am a whale.
I am the biggest animal in the ocean.

Ich bin ein Walfisch.
Ich bin das größte Tier im Ozean.

I am a pufferfish.
I can puff up like a balloon.
Ich bin ein Kugelfisch.
Ich kann mich aufblasen wie ein Ballon.

I am an octopus. I have eight legs.

Ich bin ein Tintenfisch. Ich habe acht Beine.

I am a jellyfish. I can sting.

Ich bin eine Qualle. Ich kann stechen.

I am a sea urchin. I am spiky.

Ich bin ein Seeigel. Ich bin stachelig.

I am a dolphin. I am friendly.

Ich bin ein Delfin. Ich bin freundlich.

I am a Crab. I can walk sideways.

Ich bin eine Krabbe. Ich kann seitwärts gehen.

I am a seahorse.

I carry my babies in a pouch like a kangaroo.

Ich bin ein Seepferdchen.

Ich trage meine Babys in einem Beutel wie ein Känguru.

I am a sea turtle.

I am slow on the ground but I am fast in water.

Ich bin eine Meeresschildkröte.

Ich bin langsam auf dem Boden, aber schnell im Wasser.

I am a seal. I am a good swimmer.

Ich bin ein Seehund.

Ich bin ein guter Schwimmer.

I am a walrus. I have very long tusks.

Ich bin ein Walross. Ich habe sehr lange Stoßzähne.

I am a shrimp. I can swim backwards.

Ich bin eine Garnele.

Ich kann rückwärts schwimmen.

I am a starfish.
I have a lot of birthdays.

Ich bin ein Seestern.
Ich habe viele Geburtstage.

In the series
"Bilingual English-German Books For Children"

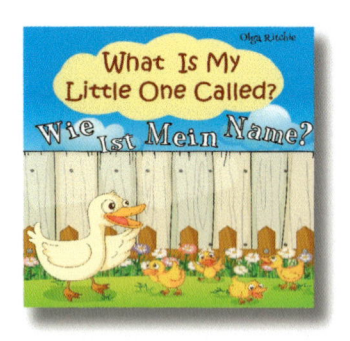
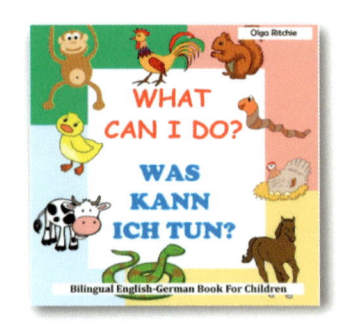

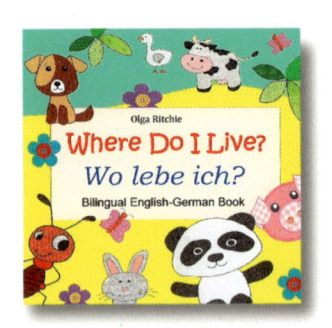
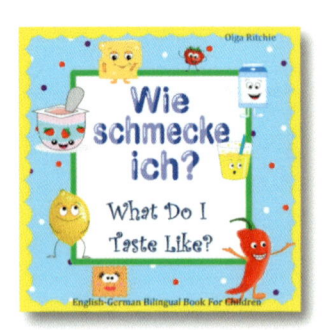

Printed in Great Britain
by Amazon